생각을 여는

# 처음탄탄
# 한국사

## 08

일제 강점기

생각을 여는

# 처음탄탄 한국사

## 08

일제 강점기

김태규 글 | 임광희 그림

스푼북

## 차례

# 일본에
# 나라를 빼앗겼다고?

1910년. 대한 제국은 일제에 국권을 빼앗기고 말았어. 경복궁 근정전에는 일장기가 내걸렸어. 국권을 빼앗긴 대한 제국은 다시 '조선'으로 불렸지. 일장기가 내걸린 경복궁 근정전을 바라보는 궁녀 삼월이는 숨이 턱 막히는 것 같았어.

'이제 우리나라는 어떻게 되는 걸까?'

러일 전쟁의 승리로 동아시아에서 일본의 힘이 커졌어. 영국, 미국 등 서구 열강들은 일본을 자신들과 같은 열강으로 대우하기 시작했고, 한반도에 대한 일본의 지배권을 인정해 주었지.

일본은 본격적으로 대한 제국을 집어삼키려는 욕심을 드러냈어. 일본은 1905년 을사늑약으로 대한 제국의 외교권을 빼앗고, 몇 년 후 고종을 황제 자리에서 내쫓았어. 그리고 약 5년 뒤인 1910년 일본은 기어코 대한 제국의 국권*마저 빼앗고 한반도를 식민지로 삼았지. 이 사건을 '국권 피탈'이라고 해. '경술년에 나라를 빼앗기는 치욕을 당했다'는 의미로 경술국치라고도 하지.

**국권**
국가가 행사하는 권력으로, 주권과 통치권을 말해.

물론 대한 제국의 황제인 순종은 일본에 나라를 넘길 생각이 없었어. 일본이 '한일 병합 조약'에 서명하라고 다그쳐도 끝까지 서명을 거부했지. 순종의 강한 반대에 부딪힌 일본은 이완용 등 친일파 대신들을 앞세워 강제로 조약을 체결했어.

이를 지켜본 궁녀 삼월이의 마음은 얼마나 답답했을까?

대한 제국을 무너뜨린 일본은 조선 총독부를 설치했어. 조선 총독부를 이끌었던 조선 총독은 한반도의 정치·경제·군사에 대한 권한을 가진 최고 권력자였어. 제1대 조선 총독 데라우치 마사타케는 군인 출신으로 군대를 앞세워 식민 통치를 위한 틀을 만들어 나갔지.

데라우치는 먼저 '헌병'이라는 군인들에게 경찰 업무를 맡겼어. 헌병에게는 재판 없이 한국인을 처벌할 수 있는 즉결 처분권이 있었어. 또 '조선 태형령'을 만들어 한국인들에게만 죄인을 곤장으로 치는 형벌을 적용했지.

한국인의 언론, 출판, 집회, 결사의 자유를 빼앗고 일상 생활도 감시하고 통제했어. 학교에서는 교사들이 수업 시간에 제복을 입고 칼을 차고 수업을 했지. 총과 칼을 앞세워 한국인들을 겁주고 자신들의 말을 순순히 따르게 하려는 속셈이었던 거야.

일본은 또 식민 통치를 위한 비용을 마련할 목적으로 '토지 조사 사업'을 실시했어. 겉으로는 땅의 주인을 확실히 가리기 위한 것이라 말했지. 그렇지만 실제로는 왕실의 땅이나 마을 공동의 땅 등 주인이 확실치 않은 땅은 물론 정해진 기간 안에 신고하지 않은 땅까지 모조리 조선 총독부의 땅으로 만들었어. 그리고 이렇게 빼앗은 땅을 일본인들에게 헐값에 넘겨 버렸어. 또 '회사령'이라는 법을 만들어 한국인이 회사를 세우려 하면 제대로 허가를 내주지 않았지.

일본은 우리나라를 쉽게 지배하기 위해 한국인을 시키는 일만 고분

고분하게 하는 사람으로 만들려 했어. 그래서 학교에서는 일본어를 가르치고, 보통학교 4년, 고등 보통학교 4년을 마치면 바로 일터로 보냈지. 일부 친일파의 자손들 외에 대다수의 한국인들에게는 더 높은 수준의 교육을 받을 기회를 주지 않으려 했던 거야.

　1910년대 일제의 이러한 통치 방식을 '무단 통치'라고 해. 일제는 식민지 지배를 튼튼히 하기 위해 헌병 경찰을 이용해 무력을 앞세워 통치했던 거야. 한국인들은 일본의 이러한 차별과 강압적인 통치에 점차 불만이 쌓이게 되었지.

# 조선 총독부 건물을 어디에 세웠을까?

　대한 제국이 무너진 1910년, 당시 서울에서 가장 눈에 띄는 건물은 경복궁이었어. 한반도를 빼앗은 일본은 경복궁을 크게 망가뜨렸어. 경복궁 앞부분을 밀어 버리고 그 자리에 조선 총독부 건물을 지은 거야.

　총독부 건물은 당시 최고의 재료를 사용하여 지은 매우 화려한 건물이었어. 일본은 경복궁 앞쪽에 식민 지배의 상징인 총독부를 지어 자신들의 위엄을 자랑하고 한국인의 자존심을 누르고 싶었지.

　조선 총독부 건물은 광복 이후 미군이 남한을 다스렸던 시기에도 사용되었어. 이후 마땅한 건물이 없었던 대한민국 정부가 사용하면서 '중앙청'이라는 이름으로 불렸어. 그 후에는 국립중앙박물관 건물로 쓰였지. 그러다 광복 50주년이었던 1995년 8월 15일, 철거되었어. 그렇게 조선 총독부 건물은 역사 속으로 사라졌고, 경복궁은 원래 모습을 되찾게 되었어.

▲ 조선 총독부

▲ 조선 총독부 건물이 철거되는 모습

# 02

# 독립운동에
# 전 재산을 바친 집안이 있다고?

"자, 모두 신중하게 생각하고 결정한 거지?"

맏형 이건영이 동생들을 둘러보며 다시 한번 물었어.

"결정한 대로 합시다! 나라 없는 재산이 무슨 의미가 있겠어요?"

넷째 이회영이 말하자 다른 형제들도 고개를 끄덕였어. 여섯 형제는

전 재산을 정리해서 만주로 옮겨 가기로 했어.

이들은 왜 머나먼 만주로 가려고 했을까?

나라를 빼앗긴 후 여기저기서 나라를 되찾기 위한 움직임이 나타났어. 임병찬은 고종 황제의 뜻에 따라 '대한독립의군부'라는 독립운동 단체를 만들었어. 하지만 일본에 발각되면서 강제로 해산되었지. 대한 광복회라는 단체도 이때 만들어졌어. 독립군을 길러 내서 일본을 몰아낼 계획을 세웠지만 이 역시 일본에 발각되어 강제로 해산되었어.

이처럼 국내에서 독립운동이 점점 어려워지자 많은 독립운동가들이 만주와 연해주로 넘어갔어. 여기에 이회영의 여섯 형제도 있었지. 형제들은 모든 재산을 정리해 온 가족을 데리고 만주로 건너갔어. 이회영의 집안은 조선 시대에 대대로 높은 관직을 지낸 명문가였어. 하지만 형제들은 편안한 삶을 포기하고 나라를 되찾기 위해 자신들의 모든 것을 희생한 거지.

▲ 독립운동가 이회영

1907년, 민족 운동가들은 일본에 들키지 않도록 비밀 조직인 '신민회'를 만들었어. 신민회는 학교와 회사를 세우고 해외에 독립

운동 기지를 마련하는 등 여러 방면에서 독립운동을 준비했어. 그러다 보니 많은 돈이 필요했지. 그때 독립운동에 돈을 댄 사람들이 이회영과 그의 형제들이었어. 이들은 당시 대한 제국에서 둘째가라면 서러울 정도로 부자였지. 이들 형제가 가지고 있던 재산은 오늘날 값어치로 계산하면 수백억 원이 훨씬 넘을 정도로 어마어마했어. 이회영과 형제들은 일본의 눈을 피해 재산을 작게 쪼개서 처분해 돈을 마련했어. 이 돈은 모두 독립운동을 하는 데 쓰였고, 그중 일부는 '신흥 강습소'라는 학교를 세우는 데 들어갔어. 신흥 강습소는 몇 차례 변화를 겪으며 '신흥 무관 학교'로 발전했어.

▲ 신흥 무관 학교의 위치

이름에서 알 수 있듯이 신흥 무관 학교는 군사 교육을 통해 일제

▲ 농사를 지으며 군사 훈련을 받던 신흥 무관 학교 학생들

에 무장 투쟁으로 맞설 독립군들을 길러 냈지. 신흥 무관 학교가 점점 알려지기 시작하자 일본은 독립군을 잡아들이기 위한 대규모 작전을 벌였어. 이로 인해서 독립군 활동이 어려워지자 1920년에 이르러 어쩔 수 없이 학교는 문을 닫게 되었지. 하지만 1911년 설립된 후 문을 닫기까지 약 10년 동안 이범석, 지청천 등 독립군을 이끌었던 뛰어난 장군들을 비롯해 용맹한 독립군들을 3,500여 명이나 키워 냈어.

▲ 한국 광복군 사령부 창설 기념 사진
신흥 무관 학교 졸업생들은 한국 광복군 창설에도 많은 기여를 했어.

# 이회영 형제는 어떻게 되었을까?

　만주로 건너갔던 이회영과 형제들은 이후 어떤 삶을 살았을까? 첫째 이건영은 만주에서 돌아온 뒤 병으로 세상을 떠났어. 대부분의 자금을 마련했던 당시 대한 제국 최고 부자였던 둘째 이석영은 두 아들을 잃고 중국 상하이의 빈민가에서 어렵게 생활하다 목숨을 잃었지. 셋째 이철영은 빈곤과 풍토병에 시달리다가 세상을 떠났고, 여섯째 이호영은 실종되었어. 넷째 이회영은 활발히 독립운동을 펼치다 일본에 붙잡혀 모진 고문을 이기지 못하고 세상을 떠났단다. 다섯째 이시영은 대한민국 임시 정부에서 활약했어. 그리고 여섯 형제 중 유일하게 조국의 해방을 보았지. 이시영은 우리나라로 돌아와 대한민국 정부의 초대 부통령이 되었어.

▲ 광복 후 상하이에서 귀국한 임시 정부 주요 인물들
아랫줄 왼쪽에서 세 번째 인물이 이시영이야.

# 03

# 1919년 3월 1일에 무슨 일이 일어났을까?

"신분증 좀 봅시다!"

위아래로 훑어보는 일본 경찰의 눈이 아주 날카로웠어. 김마리아는 침착하게 신분증을 건네주었지.

"통과!"

허리춤에 감춘 종이가 부스럭거려 신경이 쓰였지만, 김마리아는 태연한 척 배에 올라탔어. 김마리아가 허리춤에 감춘 것은 무엇이었을까?

:
:
:

**제1차 세계 대전**
1914년부터 1918년까지 유럽을 중심으로 벌어진 세계적 규모의 전쟁이야.

온 세계가 휩쓸렸던 제1차 세계 대전*이 끝나고 1919년 프랑스 파리에서 전후 처리를 위한 회의(파리 강화 회의)가 열렸어. 이 회의에서 미국의 대통령 우드로 윌슨은 '민족 자결주의' 원칙을 발표했지. 민족 자결주의란 한마디로 '자기 민족의 일은 그 민족이 스스로 알아서 결정해야 한다'는 거야. 이 주장에 많은 식민지 사람들은 독립이라는 큰 희망을 품었지.

일본에 있는 한국인 유학생들도 마찬가지였어. 이들은 1919년 2월 8일, 도쿄 한복판에서 독립 선언서를 낭독하고 독립을 선언했어. 그러자 일본 경찰이 들이닥쳐 유학생들을 잡아갔지. 하지만 이후에도 유학생들은 만세 시위를 이어 갔어. 그리고 이 소식을 국내에 전해 온 민족의 독립 의지를 알리는 출발점이 되고 싶어 했지. 유학생 김마리아가 유학생들의 독립 운동을 알리는 임무를 맡았어. 김마리아는 독립 선언서를 허리춤에 숨기고 한국으로 향하는 배에 몸을 실었어.

국내의 독립운동가들도 파리 강화 회의에 우리 민족 대표를 파견하여 독립을 호소하려고 발 빠르게 움직였어. 이렇게 독립에 대한 열망은 국내와 해외를 가리지 않고 무르익었지.

그런데 그 무렵, 고종이 갑작스럽게 죽음을 맞았어. 평소 건강했던 고종이 갑자기 세상을 떠나자 사람들은 일본에 의해 독살 당한 게 아닌지 의심했지. 일본에 대한 반감은 날이 갈수록 커졌어.

천도교*, 기독교, 불교 등 종교 지도자들과 학생 대표는 비밀리에 만세 운동 준비를 했어. 이 가운데 도쿄의 2·8 독립 선언 소식이 전해지자 독립을

천도교
최제우가 창시한 민족 종교인 동학을 바탕으로 발전시킨 종교. 제3대 교주 손병희가 천도교로 이름을 바꾸었어.

향한 열망은 한층 더 강해졌지. 민족 대표들은 3월 1일에 서울 종로의 탑골 공원에서 독립 선언서를 낭독하고 만세 시위를 벌이기로 했단다.

드디어 1919년 3월 1일, 이틀 뒤 열리는 고종 황제의 장례식에 참석하기 위해 수많은 사람이 전국에서 모여들었어. 종교 지도자들로 이뤄진 민족 대표 33인이 독립 선언서를 낭독했어. 그리고 오후 2시경, 탑골 공원에서 학생 대표들도 비장한 목소리로 독립 선언서를 낭독

대한 독립 만세 !!

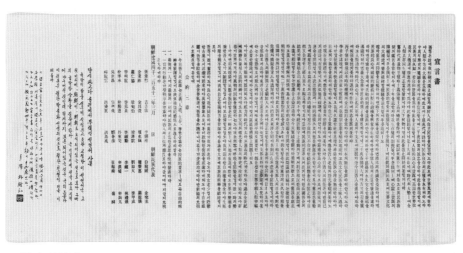

▲ 독립 선언서

하고 힘차게 만세를 불렀어. 이것을 시작으로 너도나도 품속에 숨겨 놓았던 태극기를 손에 들고 '대한 독립 만세'를 외치며 거리로 쏟아져 나왔어. 곧 경찰들이 출동해 무력으로 시위를 진압하고 시위에 앞장선 사람들을 체포했어.

하지만 만세 시위는 고향으로 내려간 학생들에 의해 바로 전국으로 퍼져 나갔어. 유관순 열사도 서울의 만세 운동 소식을 고향인 천안에 전하고 만세 시위를 벌이다 경찰에 체포되었지.

평화적인 만세 시위에 일본은 총과 칼로 대응했어. 일본은 만세 시위를 주도한 사람들을 잡는다는 핑계로 마을 사람들을 모아 놓고 불을 질러 살해하는 만행을 저지르기도 했지. 그렇지만 우리 민족의 독

▲ 3·1 운동 당시 서울에서 일어난 만세 시위

립에 대한 열망은 사라지지 않았고, 만세 시위는 더욱더 널리 퍼졌
어. 해외에도 3·1 운동이 알려지면서 한국인이 있는 곳이라면 어디서
든지 만세 시위가 벌어졌단다.

# 3·1 운동으로 잡혀간 사람들의 직업은?

　3·1 운동을 준비한 것은 종교 지도자가 중심이 된 민족 대표 33인과 학생들이었어. 학생들은 만세 운동을 전국으로 퍼뜨리는 중요한 역할을 했지.

　만세 운동을 준비한 것은 주로 학생과 종교인들이었지만, 참여한 사람들의 절반 이상은 농민이었어. 이들은 만세 운동의 소식을 듣고 누구보다 적극적으로 만세 시위에 참여했어. 농민들의 참여로 만세 시위가 크게 확대되면서 일본은 더욱 가혹하게 사람들을 탄압했어. 당시 전국 행정 구역의 95%가 넘는 지역에서 만세 시위가 벌어지면서 7,500명 넘는 사람들이 목숨을 잃었지. 또 다치거나 붙잡혀 간 사람들의 수는 수만 명에 달했어. 하지만 독립을 향한 우리 민족의 의지를 꺾을 수는 없었어.

▲ 서대문 형무소 역사관에 전시된 독립운동가들의 얼굴

# 04

# 상하이에 대한민국 임시 정부가
# 세워졌다고?

"자, 모두 모였으면 사진 찍겠습니다! 하나, 둘, 셋!"

중국 상하이의 어느 건물. 말끔하게 차려입은 한국인들이 모여서 사진

을 찍었어. 이들의 얼굴에는 약간의 긴장과 굳은 의지가 엿보였지.

이 한국인들은 왜 중국에서 한데 모여 사진을 찍고 있는 걸까?

⋮

3·1 운동 이후, 일본은 군대를 동원해 독립운동을 무자비하게 탄압했어. 그렇게 하면 사람들이 가혹한 처벌이 두려워 독립운동을 하지 못할 거라고 생각했지. 하지만 독립운동은 전국으로, 아니 세계 각지로 퍼졌어. 독립을 향한 우리 민족의 열망을 확인한 민족 지도자들은 좀 더 조직적이고 효과적으로 독립운동을 하기 위해 임시 정부를 세우기로 했지.

◀ 상하이 대한민국
임시 정부의 지도
자들

러시아 블라디보스토크에는 '대한 국민 의회', 서울에는 '한성 정부', 중국 상하이에는 '대한민국 임시 정부' 등 여러 정부가 세워졌어. 이들은 곧 상하이의 '대한민국 임시 정부'로 통합되었지.

▲ 대한민국 임시 정부 수립 운동 지도

당시 상하이는 영국, 미국, 프랑스 등 여러 강대국의 외교 공관이 들어선 외교의 중심지였어. 그리고 임시 정부가 들어선 건물은 프랑스 관할* 지역에 있었기 때문에 일본의 탄압과 감시에서 어느 정도 자유로웠지. 상하이의 대한민국 임시 정부는 우리 민족의 독립운동을 이끄는 중심 역할을 맡았어. 사진을 찍은 사람들은 바로 이 대한민국 임시 정부를 세운 사람들이지.

**관할**
일정한 부분을 통제하거나 지배하는 권위가 미치는 범위를 뜻해.

**원수**
한 나라에서 으뜸가는 권력을 지니고 나라를 다스리는 사람을 말해. 공화정 체제에서는 주로 대통령이고, 왕정 체제에서는 왕이지.

임시 정부는 대통령을 국가 원수*로 삼는 공화정 체제를 내세웠어. 대한민국을 대표하는 사람은 왕이 아니라 국민이 뽑은 대통령이어야 한다는 것이지. 임시 정부의 첫 번째 대통령으로 이승만이 뽑혔어. 이후 임시 정부는 독립운동의 방향을 두고 여러 번 커다

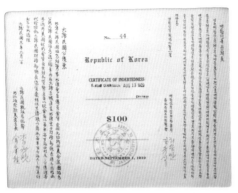

▲ 1919년 대한민국 임시 정부가 발행한 독립 공채

▲ 대한민국 임시 정부가 상하이에서 발행한 〈독립신문〉

란 갈등을 겪었단다.

하지만 어려운 환경 속에서도 임시 정부는 여러 활동을 벌였어. 독립운동 자금을 마련하기 위해 독립 공채*를 발행하고, 연통제를 실시했어. 연통제는 임시 정부가 만든 비밀 행정 조직으로, 임시 정부의 명령을 국내에 알리고 연락을 주고받는 일을 맡았지. 임시 정부는 교통국도 설치했어. 교통국은 국내외의 정보를 수집하고 기밀문서나 위험물 운송을 담당했지.

이 외에도 임시 정부는 독립운동 소식을 동포들에게 알리기 위해 〈독립신문〉을 발행했어. 임시 정부는 한반도가 해방되는 날까지 활동을 이어 가며 독립을 꿈꾸는 우리나라 사람들의 희망이 되었어.

공채
국가나 지방 자치 단체가 빌린 돈이나 그것을 표시한 증서를 말해.

# 임시 정부가 여러 곳을 돌아다닌 이유는?

대한민국 임시 정부는 상하이에 본부를 마련했지만, 일본의 압박과 국제 사회의 무관심 속에서 어렵게 독립운동을 이어 갔어. 임시 정부의 활동은 1932년 윤봉길 의사의 훙커우 공원 의거\*를 계기로 활기를 띠게 되었어. 당시 중국을 이끌던 장제스가 윤봉길 의사의 의거에 깊은 감명을 받아 임시 정부를 적극적으로 도와주기 시작했거든. 하지만 일본의 추격이 심해지

**의거**
정의를 위해 집단이나 개인이 정의로운 일을 일으키는 것을 말해.

면서 임시 정부는 상하이를 떠나게 되었어. 임시 정부는 항저우, 전장, 창사, 광저우, 류저우, 치장을 거쳐 내륙 깊숙한 충칭까지 이동했어.

▲ 대한민국 임시 정부의 이동 과정

이런 극심한 어려움 속에서도 임시 정부는 광복군을 창설했어. 태평양 전쟁이 벌어졌을 때는 일본에 선전 포고하고 연합군과 함께 일부 전쟁에 참여했지. 이런 임시 정부의 노력은 1943년에 열린 카이로 회담에서 미국, 영국, 중국이 "한국이 일본의 식민지에서 벗어나야 한다"는 결정을 하게 되는 성과로 이어졌어.

# 독립군이 봉오동과 청산리에서 승리했다고?

"충선아! 대장님께 일본군이 마을 입구로 들어섰다고 전해!"

"알았어요. 조심하세요!"

또래 중에 제일 발이 빠른 충선이는 소리가 나지 않게 살살, 하지만 아주 재빠르게 산길을 내달렸어.

일본군은 왜, 어떤 마을로 향하는 것일까?

3·1 운동은 수많은 사람이 참여한 만세 시위였어. 일본은 총칼을 든 군인들을 앞세워 만세 시위에 참여한 수많은 사람을 죽이고 감옥에 가두었어. 그러자 만세 운동같이 평화적인 방법으로는 독립을 이룰 수 없다고 생각하는 사람들이 나타났지.

"일본이 우리를 힘으로 누른다면 우리도 힘으로 맞설 수밖에!"

이렇게 무기를 들고 적에게 맞서는 것을 '무장 투쟁'이라고 해. 만주와 연해주 지역에서는 이미 일본의 탄압을 피해 국경을 넘어온 의병들이 중심이 되어 항일 무장 투쟁을 벌였고, 신흥 무관 학교는 독립 전쟁에서 활약할 군인들을 양성하고 있었지.

▲ 대한 독립군을 이끈 홍범도

3·1 운동 이후 더욱 많은 청년들이 항일 무장 투쟁에 뛰어들면서 여러 독립군 부대가 생겨났어. 홍범도가 이끄는 '대한 독립군', 김좌진의 '북로 군정

▲ 독립군들이 사용한 권총

서' 등이 대표적이었지.

대한 독립군을 지휘한 홍범도는 의병 대장 출신이었어. 홍범도는 독립군을 이끌고 일본군 국경 초소와 경찰을 습격해 무기를 빼앗는 등 여러 번의 소규모 전투에서 승리를 거두었지.

대한 독립군을 비롯한 여러 독립군 부대가 활발하게 활동하자 일본은 독립군을 진압하기 위해 대대적인 작전에 나섰어.

일본군이 움직이고 있다는 소식은 곧 홍범도에게 전해졌어. 홍범도는 독립군 연합 부대를 편성해 만주의 봉오동으로 적을 끌어들여 공격하기로 작전을 세웠지. 봉오동은 사방이 산으로 둘러싸여 있어 몸을 숨기기 좋은 곳이었거든.

계획대로 독립군과 연합 부대는 봉오동으로 일본군을 꾀어냈어. 대한 독립군이었던 충선이는 일본군이 봉오동으로 향하고 있다는 소식을 알리기 위해 바삐 움직이고 있었던 거야. 이 전투

▲ 1920년대 주요 독립군 근거지

에서 독립군은 4명이 목숨을 잃고 몇몇 사람이 다쳤지만, 일본군 157명을 사살하고 200여 명에게 부상을 입히며 큰 승리를 거두었어.

봉오동 전투는 독립군과 일본군 사이에 대규모로 벌어진 전투에서 독립군이 일본 정규군을 상대로 거둔 첫 번째 승리라는 점에서 큰 의미가 있어. 봉오동 전투를 계기로 독립군은 일본군과 맞서 싸울 수 있다는 자신감을 얻었고, 독립군에 입대하는 사람들도 많이 늘면서 보다 적극적으로 활동할 수 있게 되었지.

봉오동 전투에서 단단히 체면을 구긴 일본군은 더 많은 군대를 보내 간도의 독립군을 공격했어. 1920년 10월, 김좌진이 이끄는 북로군정서와 홍범도가 지휘하는 대한 독립군 등이 청산리 계곡 일대에서 일본군과 10여 차례의 치열한 전투를 벌였어. 독립군들은 무기나 병력이 일본군에 비해 턱없이 부족했지만 주변의 지형을 잘 이용하고

◀ 청산리 대첩의 승리
를 기념하기 위해 찍
은 사진

철저하게 준비한 덕분에 압도적인 승리를 거두었어. 이 전투를 '청산리 대첩'이라고 해. 청산리 대첩은 독립군이 일본군을 상대로 거둔 승리들 중 가장 큰 승리였단다.

# 다른 방법으로 일본에 맞선 독립운동가들

신흥 무관 학교 출신의 김원봉은 훨씬 많은 병력을 거느린 일본과 정면으로 붙으면 승리하기 어렵겠다고 생각했어. 김원봉은 자신과 뜻을 함께하는 동지들을 모아 '의열단'을 만들었지. 의열단은 일본의 중요 인물들을 암살하거나 주요 기관을 공격하는 방식으로 무장 투쟁 활동을 펼쳤어.

▲ 의열단 단원으로 당시 종로 경찰서에 폭탄을 던진 김상옥 열사의 동상

의열단 단원 박재혁은 부산 경찰서를 폭파했고, 김익상은 조선 총독부, 나석주는 동양 척식 주식회사에 각각 폭탄을 던졌어. 이들은 대부분 일본 경찰에 체포되어 목숨을 잃었지. 임무를 위해 폭탄을 던진 순간 의열단 단원들은 이미 죽음을 각오했을 거야.

이렇게 위험한 작전을 수행해야 했기에 의열단 단원들은 언제 어디서 죽을지 몰랐어. 그래서 자신들의 가장 멋진 모습을 사진으로 남겼단다. 세련된 양복 차림에 멋진 콧수염을 기른 모습 속에는 독립을 간절히 원했던 뜨거운 마음이 있었던 거야.

# 일본이
# 통치 방법을 바꾼 이유는?

교실로 들어온 선생님의 모습에 아이들은 수군거렸어. 항상 칼을 차고
오던 선생님이 책과 분필만 들고 왔거든.
늘 차갑고 무서운 선생님의 모습이 익숙했던 명희는 속으로 생각했어.
'왜 갑자기 선생님이 칼을 차지 않게 된 걸까?'

1910년, 일본이 대한 제국을 강제로 병합한 이후 우리나라에는 언론·출판·집회·결사의 자유가 없어졌어. 심지어 헌병 경찰이 재판도 없이 한국인들을 바로 몽둥이로 때리는 처벌을 하기도 했어. 한국인들은 헌병 경찰만 보아도 바삐 몸을 피할 정도였지.

일본은 총과 칼을 앞세워 힘으로 억누르면 한반도를 쉽게 통치할 수 있을 거라 생각했어. 그래서 어렸을 때부터 일본의 식민 통치에 고분고분 따르게 만들려고 학교에서 교사들이 제복을 입고 칼을 찬 채로 수업을 하도록 했지.

하지만 1919년 3·1 운동을 통해 우리 민족의 강렬한 독립 의지를 본 일본은 폭력적인 방법으로는 한국인을 굴복시킬 수 없다고 판단했지. 일본은 이전의 강압적인 통치를 포기하고 살살 어르고 달래는 쪽으로 방향을 바

▲ 무단 통치 시기 제복을 입고 칼을 찬 교사

헌병 경찰에서 보통 경찰로!

하지만 옷만 바꿔 입는 것 뿐이지. 히히.

꾸었어. 그래서 명희네 교실에 들어온 선생님이 칼을 차지 않았던 거야.

일본은 차별을 없애고 한국 고유의 문화와 관습을 존중하겠다고 태도를 바꾸었어. 이렇게 바뀐 일본의 통치 방식을 '문화 정치(문화 통치)'라고 불러.

일본은 헌병 경찰을 없애고 '보통 경찰제'를 실시했어. 군인이 치안 유지를 직접 담당하지 않고 그 역할을 경찰이 하는 것이지. 하지만 실제로는 경찰의 수가 크게 늘어나 이전과 바뀐 점은 별로 없었어. 일제는 또 언론과 출판, 집회의 자유를 보장하겠다고 했지. 이로써 한국인들도 신문과 잡지, 책을 펴내고 단체를 조직할 수 있게 되었어. 오늘날까지 발행되고 있는 신문인 〈조선일보〉나 〈동아일보〉가 이 시기에 시작되었어. 작가들의 창작 활동도 활발하게 이루어졌지. 하지만 이것도 겉으로만 너그러운 척한 것일 뿐, 우리 민족에 대한 탄압은 계속되었어.

신문과 잡지는 출간 전에 반드시 일제의 검열*을 받아야 했어. 조금

이라도 일제나 조선 총독부를 비판하는 내용이 들어가면 글을 실을 수 없거나 발행을 중단 당했지.

문화 정치 시기에 가장 큰 변화는 한국인들도 관리가 될 수 있도록 한 것이었어. 그렇지만 어디까지나 순경 같은 낮은 직책만 가능했지. 한국인을 순경으로 뽑으면서 한국인 경찰이 독립운동가를 잡는 상황이 만들어지기도 했어. 일본인과 한국인의 대결이 어느덧 한

**검열**

사상을 통제하거나 치안 유지를 위해 언론과 출판, 연극, 영화, 우편물 등의 내용을 미리 보고 발표를 제한하는 일을 가리켜.

국인과 한국인의 대결이 되어 버린 셈이지.

결국 문화 정치는 한국인 중에서 친일파를 길러 한국인을 분열시키고 통치를 쉽게 하기 위한 목적이었던 거야.

한편, 이 시기 일본에서는

▲ 일제 강점기 군산항
일본은 군산항을 통해 전라도에서 난 쌀을 일본으로 가져갔어.

식량이 크게 부족해졌어. 이 문제를 해결하기 위해 일본은 한반도의 쌀 생산을 늘려 일본으로 가져간다는 '산미 증식 계획'을 실시했지. 일본은 우리나라에서 더 많은 쌀을 가져가려고 쌀 품종을 개량하고 수로를 정비해 가뭄의 피해를 막는 등 생산량을 늘리기 위해 노력을 기울였어. 그 결과 한반도의 쌀 생산이 크게 늘었지. 하지만 일본은 이렇게 생산한 쌀의 대부분을 일본으로 가져갔어. 결국 한국 내의 쌀값은 크게 올랐고, 우리나라 사람들은 자신들의 손으로 농사지은 쌀조차 먹지 못하고 굶주림에 시달렸단다.

# 일제 강점기 쌀 수출 항구, 군산항과 목포항

　군산과 목포는 전라도를 대표하는 항구 도시야. 두 도시는 조선 시대까지는 큰 도시가 아니었지만 일제 강점기를 거치며 급격하게 변화하기 시작했어. 왜 군산과 목포가 큰 도시가 된 걸까?

　전라도는 옛부터 우리나라 최대의 곡창 지대야. 일본은 전라도의 드넓은 평야에서 생산된 엄청난 양의 쌀을 일본으로 가져갔어. 이때 쌀이 실려 나갔던 곳이 바로 군산과 목포의 항구였지. 그래서 많은 일본인들이 이곳에 건너와 살았어. 그렇게 일본인 거주 지역이 만들어졌고 쌀 수탈에 필요한 창고, 세관 등의 건물들이 곳곳에 세워졌지. 군산항과 목포항은 일제 강점기 일본의 쌀 수탈이라는 아픈 역사가 남겨진 곳이야.

▲ 1920년대 군산항 주변 거리 모습

# 독립을 위해
# 실력을 기르려 했다고?

"힝. 난 저 옷이 더 예쁜데……."

"안 돼. 비싸더라도 우리 기업이 만든 옷을 사야지!"

기분 좋게 엄마를 따라나섰던 미희는 금방 뾰로통해졌어. 엄마가 더 싸고 예쁜 옷을 두고 미희의 마음에 들지 않는 옷을 사 주려고 했거든. 엄마는 왜 더 비싸고 예쁘지도 않은 옷을 미희에게 사 주려고 했을까?

．
．
．

　일본이 본격적으로 한반도를 침략했을 때부터 민족의 힘을 길러 일본에 맞서야 한다고 생각한 사람들이 있었어. 이런 생각을 '실력 양성론'이라 불러. 1907년에서 1908년까지 국민들이 돈을 모아 일본에게 진 빚을 갚으려 했던 '국채 보상 운동'이 실력 양성론자들이 이끈 대표적인 운동이었지. 이런 생각은 나라를 빼앗긴 후에도 쭉 이어졌어.

　1920년대 초, 미희네 엄마는 우리나라의 산업을 발전시켜야 한다는 생각에 예쁘고 값싼 일본 제품에서 애써 눈을 돌리고 한국 회사가 만

든 물건을 집어 들었던 거야.

일제는 토지 조사 사업으로 한국인들의 토지를 차지하고 일본 기업이 한반도에 쉽게 진출하도록 하면서 경제를 장악했어. 이에 맞서 우리 민족의 실력을 키우기 위한 노력은 여러 형태로 나타났어. 그중 대표적인 것은 경제와 교육 분야였어. '물산 장려 운동'은 우리 민족의 기업을 키워 경제적으로 일본으로부터 자립하자는 운동이야. 이 운동은 평양에서 조만식이 조선 물산 장려회를 세우면서 전국으로 퍼져 나갔어. 우리가 만든 물건을 사고 쓰는 국산품 쓰기 운동을 통해 우리 산업을 진흥시키자는 것이었지.

이런 움직임은 교육 분야에서도 일어났어. 일본 제국주의에 순종적인 한국인을 만들 목적으로 이루어지던 교육의 틀에서 벗어나 민족을 이끌어 갈 지도자를 길러 낼 대학을 세우자는 것이었지. 당시 일

▲ 민립 대학 설립 운동을 했던 조선 민립 대학 기성회

본이 한국인을 위한 대학을 세울 리 없으니 민간인들이 힘을 모아 대학을 세우자는 '민립 대학 설립 운동'이 벌어졌던 거야. 이를 위해 전국적으로 모금 운동이 일어났어. 하지만 목표한 돈을 모으기는 어려웠어. 거기에다 일본은 한국에 있는 일본인을 위한 경성 제국 대학을 세워서 한국인들을 위한 대학을 세우는 일을 교묘하게 방해했어. 결국 일제 강점기가 끝날 때까지 한국인을 위한 대학은 세워지지 못했어.

# 식민지 시기 인도의 국산품 장려 운동

우리가 일본에게서 벗어나기 위해서 먼저 우리 기업을 살려야 한다고 생각했듯이 영국의 식민지였던 인도에서도 경제적으로 영국으로부터 벗어나기 위한 운동이 있었어. "영국산 제품을 쓰지 말고 인도 국산품을 쓰자!"라는 경제 운동이었지. 이를 '스와데시'라고 한단다.

인도 사람들은 이 운동에 적극적으로 참여했어. 이 기간 동안 영국 제품의 판매량은 크게 줄어들었다고 해.

인도의 민족 운동 지도자 마하트마 간디도 영국 제품을 쓰지 않기 위해 손수 물레를 돌려 실을 뽑아 옷을 만들어 입었지. 비록 강대국에게 힘으로 눌려 지배를 받았지만 약소국들은 이런 경제적 운동을 통해서 끊임없이 그들에 맞섰던 거야.

▲ 물레를 돌려 실을 뽑고 있는 마하트마 간디

# 08

# 일제 강점기 사람들은 어떻게 살았을까?

"철희야, 할아버지 손 꼭 잡거라. 기차역이 넓고 복잡해서 길을 잃지 않게 조심해야겠구나. 예전 한밭은 조그만 동네였는데 이렇게 큰 기차 역이 들어섰다니!"

철희네 할아버지는 어린 시절을 떠올리며 고향의 모습을 찾아보려 했어. 하지만 너무 변해 버려서 옛 모습은 하나도 찾을 수 없었지.

기차역이 들어선 한밭은 어디를 말하는 걸까?

일제 강점기에도 사람들의 삶은 여전히 이어지고 있었어. 물론 달라진 것도 있었지. 일본에서 가장 가까운 항구 부산이 큰 도시가 되었고, 개항장이었던 원산과 인천은 도시로 발전했어. 일본이 식량 수탈 기지로 삼았던 군산과 목포도 이때 도시로 발돋움했지.

1930~40년대에는 지하자원이 많은 북부 지방에 공업 도시가 발전

▼ 우리나라 최초의 증기 기관차

했어. 그런가 하면 대전, 신의주 등 새롭게 철도가 깔린 곳을 중심으로 도시가 만들어졌어. 이미 예전부터 대도시로 발전했던 경성(서울)과 평양 같은 곳을 제외하고 일제 강점기에 발전한 도시 대부분은 일본인이 모여 살던 곳이었어. 특히 대전은 경부선 철도와 호남선 철도가 만나는 교통의 중심지였지. 철희네 할아버지의 기억 속 '한밭'은 바로 이 대전의 옛 이름이야.

경성에는 남산 아래 명동 지역을 중심으로 일본인 마을이 만들어졌어. 일본인들이 사는 데 불편함이 없도록 수도와 전기가 다른 곳보다 앞서 설치되었고 큰 도로도 만들어졌어. 경성에 도입된 근대 문물은

▼ 일제 강점기 경성의 모습

대부분 일본인과 일부 한국인들만이 누릴 수 있었지.

　토지 조사 사업과 산미 증식 계획으로 도저히 농촌에서 먹고살 수 없었던 소작인들은 일자리를 찾아 경성으로 모여들었어. 그래서 1930년대 경성의 인구는 크게 늘어났지. 형편이 어려운 사람들은 땅을 파고 벽과 지붕을 가마니로 두른 토막집을 지어 모여 살았어. 청계천을 경계로 남쪽 남촌에는 일본인들이, 북쪽의 북촌에는 한국인들이 주로 살았어. 은행이나 상점, 백화점 등은 일본인이 사는 지역에 주로 위치했고, 이 지역이 경성의 중심지로 떠올랐지.

　개화기와 일제 강점기를 거치면서 먹거리 문화도 변했어. 호떡이나

자장면 같은 중국 음식부터 우동과 어묵, 초밥 같은 일본식의 음식은 물론 커피나 빵, 맥주와 같은 서양 식품들이 들어오기 시작했지. 하지만 대부분의 농민들은 식량 부족에 허덕이며 쌀이 부족해 잡곡밥으로 끼니를 잇거나 심할 때는 나무껍질로 허기를 채우기도 했어.

▲ 일제 강점기 경성의 모습

일본 사람들은 도시를 중심으로 문화 주택이라 부르는 집에서 살기도 했어. 문

▲ 일제 강점기 청계천의 빨래터

화 주택이란 서양 주택의 공간 구조와 겉모양을 따라서 지은 집을 말해. 하지만 도시의 변두리나 지방에 거주하는 대부분의 사람들은 여전히 초가집에서 살았어.

# 모던걸, 모던보이?

대한 제국 시기에 단발령이 내려졌을 때 사람들은 거세게 반발했어. 하지만 단발은 점점 널리 퍼져 나갔어. 상투가 없어지고 머리 모양이 오늘날처럼 변하면서 남성들의 복장도 자연스럽게 양복을 입는 쪽으로 변했지. 한편에서는 한복을 개량해서 입자는 사람들도 있었어. 여성들은 일본 유학생들을 중심으로 발목 위까지 올라가는 치마에 짧은 머리가 유행했어. 이런 복장을 갖춘 여성들을 '모던걸(modern girl)'이라 하여 신여성으로 보기도 했어. 신식 복장을 한 젊은 남성은 '모던보이(modern boy)'라고 불렀지.

일본이 침략 전쟁을 확대할 때는 남성에게는 국민복, 여성에게는 '몸뻬'라는 작업복을 입도록 강요하기도 했어. 이 시기에 우리 신을 본떠 만든 고무신이 등장했고, 버선을 대신해 양말을 신기 시작했지. 운동화나 구두도 널리 퍼졌다고 해.

# 시를 쓰는 것이
# 독립운동이었다고?

"감옥에 있을 때 붙여진 수감 번호를 자기의 이름 대신 사용한 사람이
있었단다."
동은이는 믿지 못하겠다는 듯 아빠를 쳐다봤어.
"수감 번호를 이름으로 썼다고요?"
"그래, 일제 강점기 때의 시인이지."
이 시인의 이름은 무엇이고 어떤 시를 썼던 걸까?

일제 강점기에 우리나라 사람들은 저마다 자신이 할 수 있는 방법으로 독립운동에 참여했어. 시를 쓰는 시인들은 시를 통해 독립운동을 이어 나갔어. 이육사가 대표적인 시인이란다.

이육사의 원래 이름은 이원록이야. 일본에서의 유학 생활을 마치고 돌아온 이원록이 선택한 독립운동의 방법은 의열단에 들어가는 것이었어. 의열단에 가입해 일제의 식민 통치 기관, 경찰서 등을 폭파하고 친일파와 일본 군인 등을 처단하고자 했어. 하지만 이원록은 엉뚱하게도 다른 사람이 일으킨 '조선 은행 대구 지점 폭발물 사건'의 범인으로 감옥살이를 하게 되었어. 이때 이육사에게 주어졌던 수감 번호가 '264'였어. 수감

▲ 서대문 형무소에 갇힌 이육사

번호란 감옥에 갇힌 죄인을 관리하기 위해 붙이는 번호지.

그렇게 옥살이를 하고 나온 이원록은 중국의 군사 학교에 들어가 일본군과의 전쟁에 필요한 훈련을 받은 후 한국으로 다시 돌아왔어. 하지만 본격적인 활동을 시작하기 전에 일본군에 잡혔단다. 이후에도 여러 독립운동 활동을 하며 모두 17차례나 감옥에 갇혔지. 하지만 이원록은 독립을 향한 의지를 굽히지 않았어.

오랜 감옥 생활 후 이원록은 글을 통해 일제에 맞서기로 마음먹었어. 이때 이원록은 자신의 첫 감옥 생활의 수감 번호를 이용한 '이육사'라는 이름으로 작품을 발표했지. 일제가 한글을 사용하지 못하도록 하자 한자로만 적은 시를 발표하는 등 다양한 방법으로 일제에 저항했어. 동은이 아빠가 얘기한 시인이 바로 이육사였단다.

이육사는 〈청포도〉라는 시에서 오래 기다리던 반가운 손님처럼 우리나라의 해방이 찾아올 것이라는 희망을 표현했어. 이밖에도 〈광야〉, 〈절정〉 등의 시를 통해 암울한 일제 강점기 속에서도 조국 광복에 대한 강한 의지와 간절한 바람을 전달했지. 하지만 안타깝게도 이육사는 광복을 보지 못한 채 차디찬 감옥에서 숨을 거뒀단다.

윤동주도 이 시대의 대표적인 시인이야. 간도의 명동촌이란 마을 출신인 윤동주는 어려서부터 국어 시간을 가장 좋아했던 학생이었어. 일제의 민족 말살 정책이 점점 거세지던 시기, 윤동주는 식민지 상태인 우리의 현실이 힘들었지만, 그런 가운데서도 독립에 대한 희망을 담은 아름다운 시를 지었어. 그리고 연희전문학교를 졸업할 때 그동안 지은 시를 모아 시집을 완성했지. 하지만 일제가 한글을 탄압

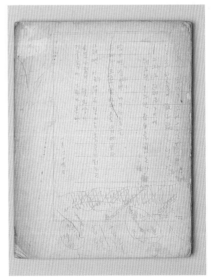

▲ 연희전문학교 시절의 윤동주와 그의 시집 《하늘과 바람과 별과 시》

하던 시기였기 때문에 시집을 내지는 못했어. 그러다 일본 유학 중에 독립운동을 했다는 죄로 감옥에 갇힌 윤동주는 끝내 광복을 보지 못한 채 감옥에서 스물아홉의 짧은 삶을 마감했어. 윤동주의 시는 윤동주를 아끼던 후배가 가지고 있던 원고 덕분에 광복 후에 《하늘과 바람과 별과 시》라는 제목으로 세상에 나올 수 있게 되었지.

그 밖에도 이 두 명의 시인처럼 사람들의 마음을 감동시키는 글로 독립운동에 참여한 시인과 문학가들이 많았어. 누군가는 일제에 맞서 총과 칼로 싸웠고, 누군가는 민족의 실력을 기르는 일을 했던 것처럼 이렇게 각자가 할 수 있는 방법으로 우리 민족은 독립을 향한 의지를 이어 갔단다.

# 100살이 넘은 동요?

다른 마을로 시집을 간 누나가 세상을 떠났다는 슬픈 소식을 들었어. 윤극영은 세상을 떠난 누나를 그리며 하늘을 올려다보았어. 하늘에 떠 있는 반달이 마치 조그만 배와 같다고 생각하며 슬픈 노랫가락이 떠올랐어. 이렇게 만들어진 노래가 〈반달〉이라는 노래야. 우리나라 최초의 창작 동요지. 1924년에 발표되었으니 이 노래의 나이가 100살이 넘은 거야. 이전까지는 어린이를 위한 노래가 따로 있지는 않았어. 그러다 방정환이 만든 〈어린이〉라는 잡지에 어린이들이 쉽게 따라 부를 수 있는 노래들이 발표되었어. 이때부터 동요가 많이 만들어지기 시작했어. 이원수가 쓴 동시를 노래로 만든 〈고향의 봄〉도 이때부터 불렸단다. 이 노래에는 일제 강점기 당시 여러 이유로 삶의 터전을 떠나야 했던 사람들이 고향을 그리워하는 마음이 잘 담겨 있어.

나의 살던 고향은 꽃피는 산골
복숭아꽃 살구꽃 아기 진달래
울긋불긋 꽃대궐 차린 동네
그 속에서 놀던 때가 그립습니다

– 〈고향의 봄〉 중에서

# 이봉창과 윤봉길이
# 의거를 일으킨 이유는?

"선생님, 저와 시계를 바꾸시죠! 앞으로 한 시간만 남은 저에게 비싼 시계는 필요 없습니다."

한 청년이 중년의 남자에게 시계를 불쑥 내밀었어. 청년의 시계를 받은 중년 남자는 자신의 시계를 청년에게 건네주었지.

시계를 주고받은 두 사람은 누구일까? 왜 청년은 자신에겐 앞으로 한 시간만 남았다고 했을까?

1932년 4월 29일, 항일 독립운동 단체 한인 애국단 소속의 윤봉길이 중국 상하이 훙커우 공원에서 열린 일본군 행사에 참석했어. 일본이 상하이를 점령한 것을 기념하면서 일왕의 생일도 함께 축하하는 자리였지. 윤봉길은 여기서 행사에 참여한 일본군 관계자를 향해 물통 모양의 폭탄을 던졌어. 윤봉길이 던진 폭탄으로 행사에 와 있던

주요 인물들이 크게 다치
거나 목숨을 잃었어.

윤봉길은 의거를 일
으키기 전에 자신의 시계를
한인 애국단 단장인
김구의 시계와 맞바꾸

▲ 윤봉길의 회중시계(왼쪽)와 김구의 회중시계(오른쪽)

었어. 윤봉길은 의거가 성공하나 실패하나 어차피 일본에 체포되어
죽게 될 것을 알았어. 그래서 자신이 가진 좋은 시계를 김구에게 준
거야.

대한민국 임시 정부는 강대국들의 무관심과 독립운동 자금 부족,
점점 집요해진 일본의 추격과 탄압으로 운영이 몹시 어려웠어. 엎친
데 덮친 격으로 임시 정부가 가야 할 방향을 둘러싸고 저마다 의견이
갈려 하나로 뭉치지 못했지. 결국 많은 사람이 임시 정부를 떠나 버
렸어. 임시 정부는 이렇게 어려운 상황 속에서도 김구를 중심으로 겨
우 유지해 가고 있었지. 게다가 일본이 만주 사변*
을 일으키며 중국 침략을 본격화하자 더욱 어려운
형편에 처하게 되었어.

만주 사변
1931년 일본이 만주 지역을 식민지화
하기 위해 일으킨 침략 전쟁이야.

일본은 중국을 침략하면서 한국인과 중국인이 서로 미워하도록 만

65

▲ 이봉창 의사의 선서문
이봉창이 한인 애국단의 첫 번째 단원
으로 입단하면서 작성한 선서문이야.

들었어. 그래서 두 민족 사이의 관계가 나빠져 독립운동가들의 중국 활동은 더 어려워져만 갔지. 김구는 이런 어려운 상황에서 벗어나기 위해 대한민국 임시 정부 안에 한인 애국단을 조직했어. 한인 애국단은 일본의 주요 인물을 암살하는 등의 방식으로 독립운동에 새로운 분위기를 만들려고 했지.

한인 애국단은 가장 먼저 일본 왕 암살을 시도했어. 이 임무에 스스로 지원한 사람이 바로 이봉창이었지. 이봉창은 1932년 1월 8일, 도쿄에서 행사 참석을 마치고 돌아가는 일왕의 마차를 향해 폭탄을 던졌어. 하지만 폭탄은 다른 마차 앞에서 터졌지. 이봉창은 그 자리에서 체포되었어.

비록 일본 국왕을 암살하는 데는 실패했지만 일본은 큰 충격에 빠졌지. 이봉창은 끝까지 당당한 자세로 재판을 받았고, 곧 사형이 집행되며 순국했어. 김구는 선언서를 발표해 이봉창의 의거가 한국의 독립을 위해 벌인 일임을 세상에 알렸어. 그리고 연이어 윤봉길의 의거 역시 한인 애국단이 벌인 것임이 알려졌지.

▲ 훙커우 공원 의거를 준비하며       ▲ 훙커우 공원 의거 당시의 모습
   태극기 앞에 선 윤봉길

    중국 최고 권력자 장제스 총통은 '수억 명의 중국인이 못한 일을 한 사람의 조선인이 해냈다.'라고 말하며 놀라워했어. 그리고 대한민국 임시 정부와 독립군에게 경제적 지원을 하고 무장 독립 투쟁을 도왔어. 무엇보다 윤봉길의 의거를 계기로 우리 동포들의 지원이 다시 활기를 띠면서 대한민국 임시 정부에 큰 힘이 되었어.

# 의사와 열사, 무슨 차이일까?

안중근 의사, 이봉창 의사, 윤봉길 의사, 유관순 열사, 이준 열사……. 나라를 위해 목숨을 바친 민족의 영웅들을 우리는 의사 혹은 열사라고 불러. 그런데 의사와 열사는 무슨 차이가 있는 걸까?

의사란 '의로운 행동을 한 사람'을 높여 부르는 말이고, 열사란 '자신의 생각을 끝까지 지킨 사람'을 이르는 말이야. 대체로 '의사'란 자신의 뜻과 생각을 지키기 위해 무력을 사용해 항거하다* 의롭게 죽은 분들을 뜻해. 안중근 의사, 이봉창 의사, 윤봉길 의사 등을 생각해 보면 공통점이 있지?

---

**항거하다**

어떤 일에 순종하지 않고 맞서서 싸운다는 뜻이야.

---

'열사'는 무력을 사용하지 않고 자신의 뜻과 생각을 꿋꿋이 지킨 사람을 뜻해. 유관순 열사는 3·1 만세 운동에 참여했고 감옥에서도 일본에 굽히지 않고 만세를 부르다 목숨을 잃었어. 이준 열사는 헤이그 특사로 파견되어 을사늑약의 부당성을 알리기 위해 노력하다 세상을 떠났지.

이제 의사와 열사가 어떤 의미인지 알겠지?

# 아리랑이라는
# 영화를 들어 봤니?

큰 화면 속에서는 주인공이 일본 경찰에게 끌려가고 있었어.

모든 사람이 숨죽여 지켜보던 그때, 극장 안에서 누군가 노래를 부르기 시작했어. 그러자 여기저기서 훌쩍이는 목소리로 함께 노래를 따라 부르기 시작했지.

용운이 역시 자신도 모르게 눈물을 훔치며 노래를 따라 불렀어.

이 영화의 제목은 무엇이었을까?

．
．
．
．

　일제 강점기, 주로 일본에서 공부하던 유학생들을 통해 한반도에 새로운 문화가 많이 전해졌어. 대표적인 게 바로 연극이야.

　유학생들은 사람들을 일깨우는 데 연극이 좋은 방법이라 생각했어. 그래서 '토월회'라는 극단을 만들어 연극 공연을 시작했지. 토월회는 주로 남녀평등과 일본에 저항하는 내용의 작품을 공연했어.

　연극보다 사람들의 호기심을 더 자극했던 것은 영화였어. 당시 영화는 소리 없이 영상만 나오는 무성 영화였지. 때문에 극장마다 영화 내용을 해설해 주는 '변사'가 있었어. 변사는 사람들이 영화에 몰입할 수 있게 이야기를 재밌게 풀어 주었다고 해.

　그렇다면 우리나라 최초의 흥행 영화는 뭘까? 바로 1926년에 개봉한 나운규 감독의 〈아리랑〉이야. 나운규 감독은 이 작품을 연출했을 뿐 아니라 주인공 역할도 맡았지. 이 영화는 3·1 운동 당시의 충격으로 미쳐 버린 주인공이 어떤 사건에 휘말리며 비극적인 결말을 맞는다는 내용이야. 주인공의 삶은 당시 억압 받던 우리 민족의 처지와 비슷했지. 영화를 보기 위해 많은 사람들이 극장으로 모여들었어. 용운이도 이렇게 극장에서 〈아리랑〉을 보았던 거야.

일제 강점기에 방송국도 처음 생겼어. 이때는 아직 텔레비전이 없었던 시절이라서 방송국은 소리를 내보내는 라디오 방송을 제작했지. 당시 라디오는 아주 값비싼 물건이었기 때문에 라디오를 갖고 있던 사람들은 대부분 일본 사람이었어. 그래서 라디오

▲ 영화 〈아리랑〉을 연출한 나운규

방송은 주로 일본어로 진행되었지. 전기도 마찬가지였어. 일제 강점기가 끝날 무렵 한국에서 생활하는 일본인들은 거의 대부분이 전깃불을 밝히고 있었지만 한국인들 중에 전기의 혜택을 누리는 사람은 아주 적었단다.

라디오 방송 녹음을
시작하겠습니다!

# 남북 축구 대결이 일제 강점기에도 있었다고?

우리나라에 축구가 전해진 것은 대한 제국 시절, 우리나라를 방문했던 영국 해군 장병들에 의해서였어. 그 후 영국인 선교사들을 통해 경성 지역을 중심으로 일반인들에게도 알려졌지. 일제 강점기를 거치면서 여러 축구팀이 만들어지고 축구 대회가 열리는 등 인기를 끌었어. 그중 사람들의 관심을 가장 많이 받은 대회가 '경평 축구 대항전'이야. 경성과 평양의 축구팀이 벌였던 경기지.

경성과 평양은 각각 자기 지역의 최고 선수들로 팀을 구성해 경기를 치렀어. 첫해에는 평양 팀이, 다음 해에는 경성 팀이 승리를 거두면서 많은 사람들의 관심이 집중되었지. 하지만 일본은 한국 사람들이 한데 모이는 것을 꺼렸기 때문에 대회 때 일어났던 폭력 사태를 핑계 삼아 경기를 중단시켰어. 해방 이후 남북이 분단되면서 경평 축구 대항전은 더 이상 이뤄지지 못했어.

오늘날 남북 대결은 올림픽 등 국제 대회에서 종종 이루어지고 있지.

▲ 1930년 경평 축구 대항전

# 우리 동포들이
# 해외로 떠난 이유는?

"아버지, 꼭 연해주로 가야 해요?"

만복이가 불만스러운 듯 입을 쭉 내밀었어. 아빠는 만복이를 달랬지.

"그래, 그곳은 춥고 척박한 땅이지. 하지만 굶어 죽지 않으려면 어디라도 가야 한단다."

만복이네 가족은 왜 강을 건너 낯선 땅으로 가려고 하는 걸까?

．
．
．
．
．

　　1860년대, 국경 근처에 살고 있던 사람들은 아침이면 강을 건넜다
가 해 질 녘에 다시 돌아오곤 했어. 강을 건너 만주 지역에서 농사를
지으면 나라에 무거운 세금을 내지 않아도 되었거든. 그러다 사람들
은 아예 국경 너머로 이주해 살게 되었어. 압록강과 두만강 건너의

▼ 일제 강점기 우리 민족의 해외 이주

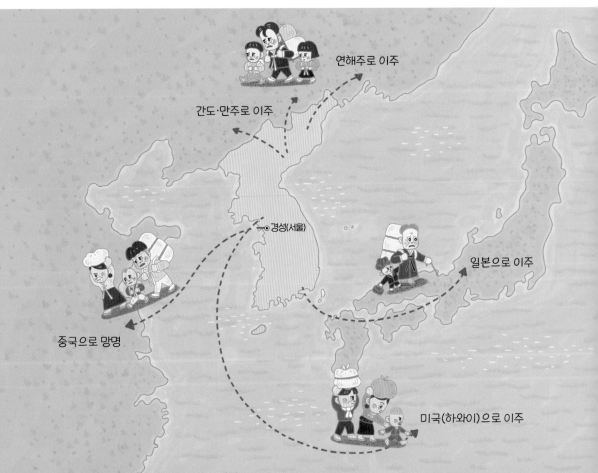

만주 지역에는 한국인 마을이 만들어졌지.

1910년 일본이 한반도를 식민지로 삼은 이후, 일본의 탄압을 피하거나 독립운동을 위해 이주한 한국인이 크게 늘었어. 만복이네 가족도 국경을 넘어 러시아의 동남쪽 끝에 위치한 연해주로 가고 있었지.

일제 강점기에는 일본으로 이주한 한국인도 많았어. 처음에 일본으로 간 사람들은 대부분 유학생들이었어. 일본이 우리나라에 대학 설립을 막았기 때문에 한국인이 다닐 수 있는 대학이 없었어. 그래서 일본으로 건너가 공부를 이어 갔던 거야.

한편 일자리를 찾아서 일본으로 간 사람도 많았어. 이들은 주로 탄광의 노동자로 일했지. 제2차 세계 대전 때 일본 청년들이 전쟁터에 끌려가면서 일할 사람이 부족해지자 한국인 노동자들이 그 자리를 채웠어.

미국까지 간 사람들도 있었어. 1903년, 미국에 간 최초의 한국인들은 하와이 사탕수수 농장에서 일할 노동자였어. 미국에서 사탕수

▲ 일본으로 간 탄광 노동자들

수 농장 일은 가장 힘든 일 중 하나였지. 이처럼 미국 생활을 처음 시작한 우리 동포들은 어려운 환경에서 고된 노동을 해야 했어. 하지만 그런 와중에도 돈을 모아 독립군을 지원하고 대한민국 임시 정부를 돕는 등 고국을 잊지 않았단다.

▲ 미국 하와이의 사탕수수 농장 노동자들

# 사진만 보고 결혼을 했다고?

하와이 사탕수수 농장에서 필요한 노동자는 대부분 남성이었어. 그래서 한국에서 처음 이민을 간 사람들도 대부분 남성들이었지. 말도 문화도 다른 미국에서 우리나라 청년들은 짝을 찾을 수 없어 결혼을 하지 못했어. 이들은 고국에서 한국 여성을 데려와야 했지. 하와이의 우리나라 청년들과 한국의 여성들은 사진을 통해 서로를 확인하고 뜻이 맞으면 한국 여성이 하와이로 건너갔어. 가난한 삶을 바꾸고 싶거나 새로운 세상을 꿈꾸던 여성들 중 일부는 그렇게 사진만 보고 머나먼 미국에 살고 있는 사람과 결혼을 결심했지. 이렇게 해서 미국으로 건너간 여성들을 '사진 신부'라 불렀어. 하지만 하와이는 살기 좋은 곳만은 아니었어. 사탕수수 농장의 일은 거칠고 험한 데다가 낯선 땅에서 자리를 잡는 것이 쉬운 일은 아니었을 거야.

한국인 가정들이 늘어나면서 그곳에 한국인 단체가 만들어지고 우리나라 사람들이 다니는 교회와 학교 등이 세워졌지. 그렇게 오늘날 미국 내 한국인 사회의 뿌리가 만들어졌어.

KOREAN GIRLS' SEMINARY

◀ 1915년 하와이에 세워진 한국인 여학교의 학생들

# 13

# 한글을 지키기 위해
# 어떤 노력을 했을까?

"우리 언니도 경찰서에 잡혀갔어!"
가은이가 울먹이며 승민이에게 말했어. 승민이의 언니도 어제 경찰에
끌려갔는데, 오늘은 가은이의 언니가 잡혀간 거야.
"'오늘 국어를 썼다가 선생님한테 단단히 꾸지람을 들었다!'고 쓰인 일
기장 때문이래."
승민이가 주변을 살피며 속삭였어. 일기장의 내용이 왜 문제가 되었을까?

    우리나라를 식민지로 만든 일본은 우리나라 사람들에게 일본어를 사용하도록 했어. 일본어를 '국어'로 하고 한국어를 '조선어'라 부르도록 했지. 수업 시간도 '조선어' 시간보다 '국어(일본어)' 시간이 더 많도록 했어. 그러다 민족 말살 정책이 실시되면서는 한국말을 아예 사용할 수 없도록 했어. 학교에서 우리말을 사용하지 못하게 했고, 얼마 되지 않는 우리말 수업 시간도 완전히 없애 버렸어. 이름도 모두 일본식으로 바꿔야 했어. 일본식 이름을 쓰지 않으면 학교에 다닐 수 없도록 했지. 학교에서는 일본말만 써야 했는데, 가은이의 언니를 가

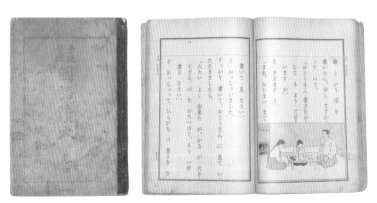

▲ 일제 강점기 국어 교과서
'국어' 교과서라고 되어 있지만 안에는 일본어가 쓰여 있어.

르쳤던 선생님이 '국어(일본어)'를 썼다고 학생들을 혼냈으니 일본 경찰은 학생들을 혼낸 '선생님'을 찾기 위해 학생들을 잡아들이기 시작했던 것이란다.

1910년 나라를 잃게 되면서 한글도 위기를 맞게 되었어. 주시경을 비롯한 한글학자들은 우리말을 지키기 위해 '조선어 사전'을 만들기 위한 준비를 했어. 하지만 주시경이 갑자기 세상을 떠나면서 이 노력은 중단되었단다. 3·1 운동 이후 일본의 문화 정치가 실시되면서 한글로 된 신문을 발행할 수 있게 되었어. 이때 간행된 〈동아일보〉와 〈조선일보〉 등의 한글 신문은 많은 사람들이 글을 읽고 쓸 수 있도록 하기 위해서 '문맹 퇴치 운동'을 벌였어. 이 덕분에 한글이 더욱 널리 보급될 수 있었단다.

1929년, 어려운 환경 속에서도 한글을 연구하던 학자들의 모임인 '조선어 학회'에서 중단되었던 조선어 사전을 펴내기 위한 모임을 다시 시작했어. 우리말 사전을 펴내기 위해 전국의 말을 모으기 위한 '말모이 작전'이 시작되었어. 조선어 학회의 학자들은 물론 각 학교의 선생님들은 지방에서 올라온 학생들을 통해 전국의 말을 모으기 시작했지. 그러자 사람들은 전국에서 자기 고장의 말과 뜻을 적은 수많은 편지를 보내 이들의 활동을 응원했단다.

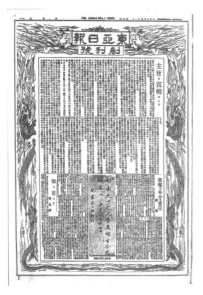

▲ 〈동아일보〉 창간호

하지만 사전을 만들기 전에 우리의 표준어와 한글 맞춤법을 정하고 외국말을 적는 원칙도 만들어야 했어. 때문에 생각보다 우리말 사전을 만드는 것은 쉽지 않았지.

시간이 걸리기는 했지만 1940년이 넘어 결국 조선어 사전이 완성되어 출판이 코앞에 다가왔어. 하지만 그때는 일본이 민족 말살 정책을 펼치는 시기였어.

일본은 우리말 사전 출판을 막기 위한 핑계를 찾기 시작했어. 이때 일제 경찰의 눈에 들어온 사건이 바로 국어(일본어)를 썼다고 학생들을 혼낸 한국인 선생님 사건이었지. 그 선생님은 학교를 그만두고 서울로 와 조선어 학회에서 일하고 있었던 정태진 선생님이었어. 일본 경찰은 정태진 선생님을 핑계로 조선어 학회가 '조선어 사용 금지' 정책을 어겼다며 조선어 학회의 사람들을 줄줄이 감옥으로 끌고 갔어. 결국 사전 편찬은 중단되고 말았지. 끌려간 33명의 학자들 중에 두 명이 감옥에서 세상을 떠났어. 이를 '조선어 학회 사건'이라 한단다.

오랜 시간 애써 만들었던 우리말 사전의 원고는 일제에 빼앗겼고 어디론가 사라져 버렸어. 결국 그렇게 우리말 사전을 만들지 못한 채 광복을 맞이하게 되었던 거야.

그런데 후에 사라졌던 원고가 아무도 예상하지 못한 곳에서 발견되었어. 광복 직후, 서울역의 창고를 정리하던 사람들이 거대한 서류 뭉치를 발견했어. 바로 일제에 빼앗겼던 조선어 학회의 원고였지. 이렇게 기적적으로 전해진 원고 덕분에 1957년에 우리말 사전이 처음으로 완성될 수 있었단다.

# '어린이'라는 말은 언제 생겼을까?

"나이 든 노인을 늙은 사람이라는 뜻으로 늙은이, 젊은 청년을 젊은이라고 부르듯 이제 어린아이를 어린이라 부릅시다."

아이를 가리키는 '어린이'라는 말은 방정환이 만들었어. 방정환은 당시만 해도 제대로 대우 받지 못하던 아이들을 존중했던 사람이야.

일제 강점기 당시 방정환은 아이들에게 우리 민족의 미래가 달려 있다고 생각했어. 그래서 아이들에게 민족정신을 일깨워 주고자 소년 운동을 시작했지. 그리고 어린이들을 위해 '어린이날'도 만들었어. 처음 정한 어린이날은 5월 1일이었어. 그런데 이날은 세계 노동자의 날과 겹쳤어. 그래서 5월 첫째 일요일로 바꾸었어. 하지만 어린이날 행사가 또 다른 민족 운동으로 이어질 것을 걱정한 일본이 어린이날을 폐지해 버렸지.

어린이날은 우리나라가 광복을 맞이한 후 다시 제정되었어. 이해 5월 첫째 일요일은 5월 5일이었지. 이후 날짜가 매년 달라지는 불편을 막기 위해 요일에 상관없이 5월 5일을 어린이날로 정했단다.

# 일제가 전쟁에 우리나라 사람을 동원한 이유는?

"흑흑, 우리 아들……."

엄마는 목이 메어 더 이상 말을 잇지 못했어. 혜란이는 오빠를 보면 엉엉 울 것 같아 땅만 내려다보았지. 그때, 저만치에서 일본군 장교가 손뼉을 치며 다가왔어.

"자, 학도병으로 스스로 지원한 청년을 위해 박수!"

혜란이의 오빠는 왜 일본 군대에 들어간 걸까?

1931년에 만주 사변을 일으킨 일본은 몇 년 후 중일 전쟁을 일으켰어. 뒤이어 미국을 공격해 여러 나라를 적으로 돌렸지. 전쟁이 확대되자 일본은 더욱 많은 군인과 전쟁 물자가 필요해졌어.

일제는 한국인을 군대로 끌고 가서 이 문제를 해결하려 했어. 처음에는 지원병이라는 이름을 만들어 마치 스스로 원해서 일본을 위해 싸우러 가는 것처럼 꾸몄지. 그 후에는 여전히 부족한 군인을 채우기 위해 학생들을 '학도 지원병'이라는 이름으로 군대로 데려갔어. 혜란이의 오빠도 가고 싶지 않았던 전쟁터에 학도 지원병으로 끌려가게

되었던 거야.

일본은 한국인을 일본인으로 만들어야 일본을 위해 목숨을 바칠 거라 생각했지. 일본 말을 쓰고, 일본 역사를 배우며 일본식 이름을 가지게 하면 한국인을 일본인으로 만들 수 있다고 생각했어. 그래서 한국인들에게 일본식 이름을 강요했어. 일본식 이름을 써야만 학교를 다닐 수 있도록 하고, 일본 말과 일본 역사만 배우도록 했어. 이런 일제의 정책을 '민족 말살 정책'이라 해. 뿐만 아니라 일본 신사에 참배를 강요하고 아침마다 황국 신민 서사*를 외우게 했지. 신사는 일본의 고유 민간 종교인 신도의 사원이야. 그런데 일왕을 신처럼 받들게 하려고 일

**황국 신민 서사**
1930년대 일제가 우리나라 사람들에게 일왕에 대한 충성심을 심기 위해 외우기를 강요한 맹세야.

본 왕실의 조상이나 국가 공로자들을 기리는 신사를 만들었어. 그러고는 우리나라 사람들의 종교와 사상을 억압하기 위해 이 신사에 절을 하라고 강요했지.

한국인들만 몽둥이로 처벌하던 때가 엊그제인데, '일본과 조선은 조상이 같다'

▲ 황국 신민 서사

라거나 '조선과 일본은 한 몸'이라 말하며 일본을 지키기 위해 목숨 걸고 싸우라고 강요했어. 그래도 병력이 부족하자 아예 조선 청년들을 강제로 군대로 끌고 가는 것은 물론, 전쟁 물자를 만드는 공장이나 탄광 등 노동력이 부족한 곳에 보내 일을 시켰어. 이렇게 일제가 침략 전쟁을 위해 우리나라의 젊은이들을 군인으로 끌고 간 것을 '강제 징병'이라고 해. 또 강제로 동원해 일을 하도록 한 것을 '강제 징용'이라고 하지. 전쟁 말기에는 전쟁에 쓸 무기를 만들기 위해 쇠붙이 등 각종 생활 도구도 모두 빼앗아 갔단다.

# 일본은 남자들만 전쟁터로 끌고 갔을까?

일본은 전쟁에 남성들만 이용한 게 아니었어. 여성들도 예외가 아니었지. 여성들은 근로 보국대, 여자 근로 정신대라는 이름으로 일본에 의해 끌려가서 공장, 농장, 광산 등에서 일을 해야 했어. 그런데 일제는 이 여성들 중 일부를 일본군이 머무르는 곳으로 데려가서 위안부 생활을 하도록 강요했어. 일본군 '위안부'란 일본군에 강제로 끌려가 성 노예 생활을 해야만 했던 여성들을 일컫는 말이야. 이런 비참한 일은 우리나라뿐만 아니라 일본군이 점령한 지역이었던 중국과 동남아시아의 여러 나라의 여성들에게 일어났지.

1945년 일본과 연합국 사이의 태평양 전쟁이 끝나고 세계 여러 나라들은 일본이 저지른 전쟁 범죄에 대해 잘못을 인정하고 배상하라고 했어. 하지만 일본은 여전히 자신들이 저지른 잘못에 대해 제대로 된 사과와 배상을 하지 않고 있단다.

◀ 평화의 소녀상
일본군 위안부 피해자들을 기리고 올바른 역사 인식을 세우기 위해 만든 조형물이야. 우리나라뿐 아니라 세계 곳곳에 세워져 있어.

**1910년**

국권을 일본에 빼앗김
(국권 피탈)

**1911년**

신흥 무관 학교
(신흥 강습소) 설립

**1912년**

토지 조사령 공포

**1931년**

한인 애국단 조직

**1927년**

신간회 조직

**1932년**

이봉창·윤봉길 의거

**1937년**

중일 전쟁이 일어남

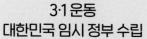

**1919년**

**1920년**

3·1 운동
대한민국 임시 정부 수립

홍범도, 봉오동 전투 승리
김좌진, 청산리 대첩 승리

**1926년**

**1923년**

나운규,
영화 〈아리랑〉 제작

어린이날 제정

**1939년**

**1942년**

제2차 세계 대전 발발

조선어 학회 사건

**1938년**

일본, 국가 총동원법 선포

## 사진 저작권

# 생각을 여는 **처음탄탄 한국사 08**

**초판 1쇄 발행** 2024년 11월 01일

**글** 김태규　**그림** 임광희
**발행처** 주식회사 스푼북　**발행인** 박상희　**총괄** 김남원
**편집** 길유진 김선영 박선정 이지은
**디자인** 이지숙 권수아 정진희　**마케팅** 박병건 박미소
**출판신고** 2016년 11월 15일 제2017-000267호
**주소** (03993) 서울시 마포구 월드컵북로6길 88-7 ky21빌딩 2층
**전화** 02-6357-0050(편집) 02-6357-0051(마케팅)
**팩스** 02-6357-0052　**전자우편** book@spoonbook.co.kr

ⓒ 김태규, 임광희 2024
ISBN 979-11-6581-557-8 (73910)

**제품명** 생각을 여는 처음탄탄 한국사 08
**제조자명** 주식회사 스푼북 | **제조국명** 대한민국 | **전화번호** 02-6357-0050
**주소** (03993) 서울시 마포구 월드컵북로6길 88-7 ky21빌딩 2층
**제조년월** 2024년 11월 01일 | **사용연령** 10세 이상
※ KC마크는 이 제품이 공통안전기준에 적합하였음을 의미합니다.

⚠ **주 의**

아이들이 모서리에 다치지
않게 주의하세요.